Enos Mills

Mills

Rocky Mountain Conservationist

Enos Mills

Rocky Mountain Conservationist

by Steve Walsh

Filter Press, LLC
Palmer Lake, Colorado

Enos Mills
Rocky Mountain Conservationist
by Steve Walsh

Published by Filter Press, LLC, in cooperation with
Denver Public Schools and Colorado Humanities

ISBN: 978-0-86541-122-7
LCCN: 2011924862

Produced with the support of Colorado Humanities and the
National Endowment for the Humanities. Any views, findings,
conclusions, or recommendations expressed in this publication
do not necessarily represent those of the National Endowment for
the Humanities or Colorado Humanities.

Cover photograph used courtesy Denver Public Library, Western
History Collection, Z-106

Printed in the United States of America

Great Lives in Colorado History Series

For information on upcoming titles,
contact *info@FilterPressBooks.com*.

Contents

Enos is seen here with his dog, Scotch, who was his constant companion. Scotch came to a sad end when he bit into a string of dynamite.

Enos Mills

Have you ever wondered how we know so much about the birds, animals, trees, and water around us? Have you been to Rocky Mountain National Park, near the town of Estes Park, and wondered how it was started? Read further, and you will find out.

Enos Mills loved the outdoors. He was a **conservationist** who spent his life studying the plants and animals that live in the Rocky Mountains. He lived in Estes Park, Colorado, for most of his life and promoted the **preservation** of land and **resources** there. More than any other person, he helped create the Rocky Mountain National Park. A national park is a large area of land set aside by the U.S. government to be preserved and protected for all to use. National parks can only be created by an act of Congress.

Early Years

Enos Mills was born in Kansas. His parents had moved from Iowa to a farm in eastern Kansas in 1857. At that time, Kansas was not a peaceful place to live because people who wanted slavery and those who did not fought each other. Enos's parents heard about gold discoveries in the Rocky Mountains and took a trip to Denver and Colorado gold country in 1860. Ten years later, back in Kansas, Enos was born. As a child, his parents told him many stories about living in the Rocky Mountains.

Enos was often ill with severe stomachaches when he was young. They were so bad that he could not do his farm chores. Since Colorado had a healthy climate, his parents thought that it would be a good place for Enos to live. In 1884, at the age of 14, Enos walked and hitched wagon rides 70 miles from the farm where he lived to Kansas City. He worked three weeks in a bakery in Kansas City to earn money to buy a train ticket to Denver. After he arrived in Denver, he traveled on horseback to the town of Estes Park to live near his uncle's family. The trip took many hours. The dirt roads were rough and bumpy with deep **ruts**. Today, the trip from Denver to Estes Park takes about an hour and a half by car.

William Henry Jackson, one of the first photographers in the West, made this photograph of Estes Park in 1882, two years before Enos Mills arrived in the valley.

Life in Estes Park

Enos enjoyed living and working with his Uncle Elkanah Lamb, his Aunt Jane, and his cousin Carlyle. When Enos moved to Colorado, he discovered that people enjoyed the outdoors by hunting, fishing, hiking, horseback riding, and picnicking. Visitors to the Colorado mountains often stayed at guest ranches. Not many people lived in Estes Park. Those that did live there worked on guest ranches and in stores. For the next few years, Enos worked in Estes Park in the summers and on ranches in eastern Colorado in the winters. Living and working close to nature was important to him.

Enos was a curious and energetic person. He asked many questions and was fascinated by nature. Enos often camped in the forest and mountains around Estes Park. He spent many hours observing nature and writing down what he saw. He wrote several books based on his observations of nature. The year after he moved to Estes Park, he climbed Long's Peak with a guide. Long's Peak is 14,259 feet high, and the hike to the top is eight miles of rocky, slippery trails. During his life, Enos climbed Long's Peak 325 times!

Enos was 15 years old when he started building this log cabin in Estes Park.

Enos liked to be outdoors. Where do you think he is going in snowshoes with a walking stick?

Enos wanted to be close to nature and build a home for himself. Sometimes he spent weeks camping in the summer. He took only a **tarp**, backpack, shirt, coat, matches and candles, and food when he camped. Enos was proud of using as few natural resources as possible. He liked working on the guest ranch in the summer, because he visited with a wide range of people. It also gave him a lot of time to be outdoors.

Enos saved enough money to buy tools, metal hinges, and locks to build a cabin. He was too young to **homestead** the land he built his cabin on, so a neighbor helped him get the land. Enos started building his cabin when he was 15 years old and finished it the next year.

He wanted to learn to do things for himself and live on the land. When Enos was 17, he started spending his winters in the town of Butte, Montana, working at the Anaconda Mine. At that time, the Anaconda was the world's largest copper mine. His job at the mine was very hard work. He carried heavy tools in and out of the deep, dangerous mines. It was a rough life, but he enjoyed meeting many people, and this job paid for his summer activities at Estes Park. He learned a lot about mining and was hired to do harder jobs each year he worked there. The miners respected him because he cared about doing a good job, acted safely, and figured out ways to help the company save money. These demanding jobs helped prepare Enos for the outdoor life he loved in the mountains near Estes Park.

Another good thing happened in Butte. A doctor found out why Enos was often sick. The doctor explained to Enos that he had an allergy to **starches**. Enos stopped eating foods such as potatoes and bread. He felt much better.

While he lived in Estes Park, he began writing about nature. Enos wrote about the habits of birds, growth patterns of plants and trees, effects of rivers on the habitat around them, and effects of weather on the environment. He lived in the outdoors so he could experience nature, not just observe it. He frequently ate little food, so he could "rough it" or live simply. Raisins were his favorite trail food. He followed deer, rabbits, elk, and many other creatures to study their living habits. He mostly studied the land around Estes Park.

When he was 19, Enos traveled to California. He stayed for six months. He saw the Pacific Ocean and giant redwood and sequoia trees. He visited an area that later became Yosemite National Park and traveled in the rocky Sierra Nevada mountains. In the middle of these wonders of nature, he also saw destructive logging and mining work habits. Clear cutting, or cutting down all the trees in an area, caused many plants and animals to die. Loggers also cut down huge redwood trees that had lived for 500 to 2,000 years and had grown 350 feet tall. The streams, rivers, and lakes were polluted with soil, scrap wood, ash, and chemicals used during mining. Enos thought about the harm to the environment he saw in California. Enos came to believe that nature needed to be preserved wherever possible. In California, he visited with John Muir, a well-known leader in conservation. His talks with John convinced Enos of the highest importance of protecting plants and animals.

Rocky Mountain National Park

Starting in 1909, Enos put his time and energy into preserving a large area of land in and around Estes Park. He worked hard to convince Congress to pass a law to create Rocky Mountain National Park. He traveled around the country making speeches explaining why the area should be preserved. He wrote many magazine articles and books about his outdoor adventures and the need to set aside land for plants and animals. In 1915, after six years of work, his dream came true. Congress set aside 265,770 acres for a national park near Estes Park. Enos became known as the "Father of Rocky Mountain National Park." Thanks to Enos Mills and others who started the park, many people visit there every year and enjoy its great sights and outdoor activities.

In 1902, Enos had purchased a guest lodge he named Long's Peak Inn. He rented rooms to guests from all over the United States. He led hikes and horseback trips into the wilderness from his inn and taught his guests about nature. In 1916, a young woman named Esther Burnell came to Estes Park. She worked for Enos at his tourist lodge as a part-time secretary. Later, she worked as a nature guide. They found that they had a lot in common, so they **courted**, then married in 1918. Enos was 48 years old at the time. They had a daughter

Courtesy of History Colorado, (F-39,164)

Enos with his only child Enda, who was born when he was 49.

named Enda, with whom Enos spent a lot of time. In 1922, when Enda was only 3 years old, Enos died suddenly from a heart attack at the age of 52.

Many people admire Enos Mills for the huge amount of time and effort he put into preserving one of the most beautiful areas of the Rocky Mountains and conserving plants and animals. He dedicated his life to making sure others could enjoy the wonders of nature. Thanks to Enos Mills, we can have fun walking, camping, and fishing in the mountains, knowing that the land and animals are protected.

Questions to Think About

- Enos Mills was 14 when he started living on his own. How did he survive?

- Why was Enos called the "Father of Rocky Mountain National Park"?

- How has the work of conservationists changed since Enos Mills' lifetime?

Questions for Young Chautauquans

- Why am I (or should I be) remembered in history?

- What hardships did I face and how did I overcome them?

- What is my historical context (what else was going on in my time)?

Glossary

Conservationist: person who helps save (or conserve) forests, water, and animals.

Courted: dated.

Homestead: to live on and farm a piece of U. S. public land for a period of years in order to own the land.

Preservation: protecting land and animals and other parts of the natural world.

Resources: supply of water, trees, and creatures that people use from nature.

Ruts: deep tracks worn into roads by wagon wheels.

Starches: foods that have a high amount of carbohydrates, such as potatoes and bread.

Tarp: flat, waterproof cloth.

Timeline

1870
Enos was born in Kansas.

1884
Enos moved by himself to live near relatives in Estes Park, Colorado.

1885
Enos climbed Long's Peak for the first time. He began building his cabin.

1886
Enos finished building his cabin.

1887–1902
Enos spent winters working in mines near Butte, Montana.

1889
Enos traveled to California and met John Muir.

1909
Enos began working to have the area around Estes Park named a national park.

1915
Rocky Mountain National Park opened.

1918
Enos married Esther Burnell.

1919
Enos's only child, Enda, was born.

1922
Enos Mills died from heart attack.

Bibliography

Stansfield, John. *Enos Mills: Rocky Mountain Naturalist*. Palmer Lake, Colorado: Filter Press, LLC, 2005.

Drummond, Alexander. *Enos Mills: Citizen of Nature*. Niwot: University Press of Colorado, 1995.

Index

About This Series

In 2008, Colorado Humanities and Denver Public Schools' Social Studies Department began a partnership to bring Colorado Humanities' Young Chautauqua program to DPS and to create a series of biographies of Colorado historical figures written by teachers for young readers. The project was called "Writing Biographies for Young People." Filter Press joined the effort to publish the biographies in 2010.

Teachers attended workshops, learned from Colorado Humanities Chautauqua speakers and authors, and toured three major libraries in Denver: The Hart Library at History Colorado, the Western History/Genealogy Department in the Denver Public Library, and the Blair-Caldwell African American Research Library. Their goal was to write biographies using the same skills we ask of students: identify and locate high-quality sources for research, document those sources, and choose appropriate information from the resources.

What you hold in your hands now is the culmination of these teachers' efforts. With this set of age-appropriate biographies, students will be able to read and research on their own, learning valuable skills of research and writing at a young age. As they read each biography, students gain knowledge and appreciation of the struggles and hardships overcome by people from our past, the time period in which they lived, and why they should be remembered in history.

Knowledge is power. We hope this set of biographies will help Colorado students know the excitement of learning history through biography.

Information about the series can be obtained from any of the three partners:

Filter Press at www.FilterPressBooks.com

Colorado Humanities at www.ColoradoHumanities.org

Denver Public Schools at http://curriculum.dpsk12.org

Acknowledgments

Colorado Humanities and Denver Public Schools acknowledge the many contributors to the Great Lives in Colorado History series. Among them are the following:

The teachers who accepted the challenge of writing the biographies

Margaret Coval, Executive Director, Colorado Humanities

Josephine Jones, Director of Programs, Colorado Humanities

Betty Jo Brenner, Program Coordinator, Colorado Humanities

Michelle Delgado, K–5 Social Studies Coordinator, Denver Public Schools

Elma Ruiz, K–5 Social Studies Coordinator, Denver Public Schools, 2005–2009

Joel' Bradley, Project Coordinator, Denver Public Schools

Translation and Interpretation Services Team, Multicultural Outreach Office, Denver Public Schools

Nelson Molina, ELA Professional Development Trainer/Coach and School Liaison, Denver Public Schools

John Stansfield, storyteller, writer, and Teacher Institute lead scholar

Tom Meier, author and Arapaho historian

Celinda Reynolds Kaelin, author and Ute culture
    expert
National Park Service, Bent's Old Fort National
    Historic Site
Daniel Blegen, author and Bent's Fort expert
Blair-Caldwell African American Research Library
Coi Drummond-Gehrig, Denver Public Library,
    Western History/Genealogy Department
Jennifer Vega, Stephen H. Hart Library, History
    Colorado
Dr. Bruce Paton, author and Zebulon Pike expert
Dr. Tom Noel, author and Colorado historian
Susan Marie Frontczak, Chautauqua speaker and
    Young Chautauqua coach
Mary Jane Bradbury, Chautauqua speaker and Young
    Chautauqua coach
Dr. James Walsh, Chautauqua speaker and Young
    Chautauqua coach
Richard Marold, Chautauqua speaker and Young
    Chautauqua coach
Doris McCraw, author and Helen Hunt Jackson
    subject expert
Kathy Naples, Chautauqua speaker and Doc Susie
    subject expert
Tim Brenner, editor
Debra Faulkner, historian and archivist, Brown Palace
    Hotel
Kathleen Esmiol, author and Teacher Institute speaker
Vivian Sheldon Epstein, author and Teacher Institute
    speaker

Acknowledgments

Enos Mills

Un ecologista de las Montañas Rocosas

Enos Mills

Un ecologista de las Montañas Rocosas

por Steve Walsh

Filter Press, LLC
Palmer Lake, Colorado

Enos Mills
Un ecologista de las Montañas Rocosas
por Steve Walsh

Publicado por Filter Press, LLC, conjuntamente con las
Escuelas Públicas de Denver y Colorado Humanities

ISBN: 978-0-86541-122-7
LCCN: 2011924862

Producido con el apoyo de Colorado Humanities y la Fundación
Nacional para las Humanidades. Las opiniones, resultados,
conclusiones o recomendaciones expresadas en esta publicación,
no representan necesariamente las de la Fundación Nacional para
las Humanidades ni las de Colorado Humanities.

Impreso en los Estados Unidos de América

Serie Grandes vidas de la historia de Colorado

Para obtener información sobre los próximos títulos a publicarse, comuníquese con *info@FilterPressBooks.com*.

Contenidos

Enos está aquí con su perro, Scotch, quien era su compañero permanente. Scotch tuvo un final triste cuando se topó con una tira de dinamita.

Enos Mills

¿Te has preguntando cómo es que sabemos
tanto acerca de las aves, los animales, los
árboles y el agua que nos rodea? ¿Has estado
alguna vez en el Rocky Mountain National
Park (Parque Nacional de las Montañas
Rocosas), cerca de Estes Park (Parque Estes),
y te has preguntado cómo se creó este parque?
Sigue leyendo y encontrarás respuestas a estas
preguntas.

A Enos Mills le encantaba estar afuera al aire
libre. Fue un **ecologista** que pasó su vida
estudiando las plantas y animales que viven
en las Rocky Mountains (Montañas Rocosas).
Vivió la mayoría de sus años en Estes Park,
Colorado, y promovió la **preservación** de
la tierra y los **recursos** de ese lugar. Más
que ninguna otra persona, ayudó a crear del
Rocky Mountain National Park. Un parque
nacional es un área extensa de tierra reservada

por el gobierno de los Estados Unidos para ser preservada y protegida por todos nosotros. Los parques nacionales pueden ser nombrados solamente a través de una ley del Congreso.

Los primeros años

Enos Mills nació en Kansas. Sus padres se
mudaron de Iowa a una granja al este de Kansas
in 1857. En ese entonces, Kansas no era un
lugar apacible para vivir porque había gente
que apoyaba la esclavitud y otros que no por
lo que se peleaban unos con otros. Sus padres
escucharon sobre los descubrimientos de oro
en las Rocky Mountains e hicieron un viaje a
Denver y a la zona minera de oro de Colorado
en 1860. Diez años después regresaron a
Kansas, donde nació Enos. Cuando era un
niño, sus padres le relataron muchas historias
sobre la vida en las Rocky Mountains.

Cuando era niño, Enos frecuentemente padecía
de fuertes dolores de estómago. Eran tan fuertes
que no podía realizar los quehaceres de la casa.
Ya que Colorado tenía un clima saludable, los
padres de Enos decidieron que sería un buen
lugar para que viviera. En 1884, a los 14 años,

Enos caminó y tomó paseos en carretas 70 millas desde la granja donde vivía en Kansas City (Ciudad de Kansas). Trabajó por tres meses en una panadería en Kansas City para ganar dinero y comprar un boleto de tren para ir a Denver. Después de llegar a Denver, viajó a caballo al pueblo de Estes Park para vivir junto a la familia de su tío. El viaje duró muchas horas. Los caminos de tierra eran áridos con **surcos** profundos. Hoy en día los viajes desde Denver a Estes Park toman aproximadamente una hora y media en carro.

Cortesía de DPL, Western History Collection, WHJ-1524

William Henry Jackson, uno de los primeros fotógrafos del Oeste, tomó esta fotografía de Estes Park en 1882, dos años antes de que Enos Mills llegara a este valle.

La vida en Estes Park

Enos disfrutaba vivir y trabajar con su tío
Elkanah Lamb, su tía Jane y su primo Carlyle.
Cuando Enos se trasladó a Colorado, la gente
disfrutaba de las actividades al aire libre como
la caza, la pesca, caminar, montar a caballo
e ir de día de campo. Los visitantes que iban
a las montañas de Colorado, por lo regular,
se alojaban en los ranchos de huéspedes. No
vivía mucha gente en Estes Park. Aquellos que
vivían en el lugar trabajaban en los ranchos
de huéspedes y tiendas. Durante los años
siguientes, Enos trabajaba en Estes Park en el
verano y en los ranchos del este de Colorado
en el invierno. El vivir y trabajar cerca de la
naturaleza era muy importante para él.

Enos era una persona dinámica y curiosa.
Preguntaba mucho y estaba fascinado con la
naturaleza. Enos acampaba repetidas veces en
el bosque y las montañas alrededor de Estes

Park. Pasaba muchas horas observando la naturaleza y escribiendo lo que veía. Escribió muchos libros basados en las observaciones de la naturaleza. Un año después de mudarse a Estes Park, escaló Long's Peak (Pico de Long) con la ayuda de un guía. Long's Peak tiene 14.259 pies de altura, y para trepar hasta la cima hay que caminar durante 8 millas a través de senderos de roca resbalosos. ¡Durante su vida, Enos escaló Long's Peak 325 veces!

Cortesía de History Colorado, F-15,718

Cuando tenía 15 años, Enos comenzó a construir esta cabaña de madera en Estes Park.

A Enos le gustaba estar al aire libre. ¿A dónde crees que va con zapatos para caminar en la nieve y un bastón para caminar?

Enos quería estar cerca de la naturaleza y construir un hogar para él. A veces pasaba el verano acampando por semanas. Para acampar llevaba solamente un trozo de **tela impermeable**, una mochila, camiseta, cerillos y velas y comida. Enos estaba orgulloso de usar solo unos pocos recursos de la naturaleza. Le encantaba trabajar en el rancho de huéspedes en el verano porque lo visitaba junto con un numeroso grupo de personas. Además, esto le permitía estar al aire libre por mucho tiempo.

Enos ahorró suficiente dinero para comprar herramientas, bisagras y candados para construir una cabaña. Era muy joven para que se le otorgara el **comodato y reclamo de tierra o "homestead"** para construir la cabaña, así que un vecino le ayudó a conseguir la tierra. Enos comenzó a construir la cabaña cuando tenía 15 años y terminó el año siguiente.

El quería aprender a hacer cosas por su cuenta y vivir de la naturaleza. Cuando Enos tenía 17, comenzó a pasar los inviernos en la ciudad de Butte, Montana, trabajando en la Anaconda Mine (Mina Anaconda). En ese tiempo, la Anaconda era la mina de cobre más grande del mundo. El trabajo en la mina era muy duro. Cargaba herramientas pesadas dentro y fuera de las profundidades de estas minas peligrosas. Era una vida muy dura, pero disfrutaba conociendo mucha gente y este trabajo le pagaba sus actividades de verano en Estes Park. Aprendió mucho acerca de la minería y cada año fue contratado para trabajos más fuertes en aquel lugar. Los mineros lo respetaban porque era muy diligente para hacer un buen trabajo con precaución y encontraba formas de ayudar a la compañía a ahorrar dinero. Estos trabajos exigentes ayudaban a Enos a prepararse para la vida al aire libre que adoraba en las montañas cercanas a Estes Park.

Otra buena cosa sucedió en Butte. Un doctor se dio cuenta de que Enos frecuentemente estaba enfermo. El doctor le explicó a Enos que tenía alergia a los **almidones**. Enos dejó de ingerir alimentos tales como papas y pan. Se sintió mejor.

Cuando vivió en Estes Park, escribió muchas observaciones que hizo acerca de la naturaleza. Escribió sobre los hábitos de las aves, patrones de crecimiento de las plantas y los árboles, el efecto de los ríos en el hábitat que los rodea y los efectos del clima en el medio ambiente. No sólo observaba sino que vivía al aire libre de tal manera que también experimentaba la naturaleza. Frecuentemente comía poco, así que podía vivir con lo básico o vivir sencillamente. Las pasas eran su comida favorita durante sus travesías. Perseguía a los venados, conejos, alces y muchas otras criaturas para estudiar sus hábitos de vida. Él estudió sobre todo la naturaleza alrededor de Estes Park.

Cuando tenía 19 años, Enos viajó a California. Permaneció allí por seis meses. Vio el Pacific Ocean (Océano Pacífico), el gigante secoya rojo y los árboles de secuoya. Visitó el área que más tarde se convertiría en el Yosemite National Park (Parque Nacional Yosemite) y viajó a las montañas rocosas de la Sierra Nevada. En medio de estas maravillas de la naturaleza, también vio la tala discriminada de los árboles y las costumbres del trabajo de minería. El arrancar o el cortar los árboles en un área produce la muerte de muchas plantas y animales. Los taladores también cortaban los árboles gigantes secoyas que habían vivido de 500 a 2.000 años y habían crecido hasta alcanzar 350 pies de altura. Los arroyos, ríos y lagos eran contaminados con aceite, pedazos de madera y químicos usados para la minería. Enos pensaba a menudo sobre la destrucción que observó en California. Enos llegó a pensar que la naturaleza necesitaba ser preservada a como diera lugar. En California, visitó a John Muir, un líder reconocido en el campo de la

conservación. Las conversaciones con John convencieron a Enos de la gran importancia de proteger a las plantas y a los animales.

Rocky Mountain National Park

A partir de 1909, Enos dedicó tiempo y energía para preservar una gran extensión de terreno alrededor de Estes Park. Trabajó duro para convencer al Congreso sobre la aprobación de una ley para la creación del Rocky Mountain National Park. Viajó por todo el país dando conferencias para explicar porqué estas áreas debían ser preservadas. Escribió numerosos artículos en libros y revistas acerca de sus aventuras al aire libre y la necesidad de apartar tierra para las plantas y los animales. En 1915, después de seis años de trabajo, su sueño se hizo realidad. El Congreso reservó 265.770 acres para un parque nacional cerca de Estes Park. Enos llegó a ser conocido como el "padre del Rocky Mountain National Park." Gracias a Enos Mills y otros que comenzaron el parque, muchas personas lo visitan cada año y disfrutan de sus bellos

paisajes y de actividades al aire libre.

En 1902, Enos compró una posada para huéspedes a la que le puso el nombre de Long's Peak Inn. Alquilaba habitaciones para visitantes de todos los lugares de los Estados Unidos. Dirigió caminatas y paseos a caballo desde su posada al campo y les enseñaba sobre la naturaleza. En 1916, una joven llamada Esther Burnell vino a Estes Park. Ella trabajó para Enos como secretaria de medio tiempo en la posada turística. Después, trabajó

Enos con sú única hija Enda, quien nació cuando él tenía 49 años.

como guía de la naturaleza. Se dieron cuenta que tenían mucho en común, así que **se cortejaron** y se casaron en 1918. En aquel tiempo Enos tenía 48 años de edad. Tuvieron una hija llamada Enda, con quien Enos compartía mucho tiempo. En 1922, cuando Enda solo tenía 3 años de edad, Enos murió súbitamente de un ataque al corazón a la edad de 52 años.

Muchas personas admiran a Enos Mills por el gran esfuerzo y el tiempo empleado en la preservación de una de las más bellas áreas de las Rocky Mountains y la conservación de las plantas y los animales. Dedicó toda su vida para que los demás disfrutáramos de las maravillas de la naturaleza. Gracias a Enos Mills podemos disfrutar de caminar, acampar y pescar en las montañas, sabiendo que la tierra y los animales están protegidos.

Preguntas en qué pensar

- Enos Mills tenía 14 años cuando comenzó a vivir por su cuenta. ¿Cómo pudo sobrevivir?

- ¿Por qué llamaban a Enos el "padre del Rocky Mountain National Park"?

- ¿Qué cambios ha habido en el trabajo de los conservacionistas desde la época de Enos Mills?

Preguntas para los Jóvenes Chautauquans

- ¿Por qué se me recuerda (o debo ser recordado) a través de la historia?

- ¿A qué adversidades me enfrenté y cómo las superé?

- ¿Cuál es mi contexto histórico? (¿Qué más sucedía en la época en que yo vivía?)

Glosario

Almidones: alimentos con un alto contenido de carbohidratos como las papas y el pan.

Comodato y reclamo de tierra (homestead): Vivir en una granja o trozo de tierra pública que le pertenece al gobierno estadounidense y que se le otorga al granjero después de algunos años.

Ecologista: persona que ayuda a salvar (o conservar) los bosques, el agua y los animales.

Preservación: proteger la tierra y los animales y otras partes del mundo natural.

Recursos: provisión de agua, árboles y criaturas que las personas utilizan de la naturaleza.

Se cortejaron: salir de cita con alguien.

Surcos: marcas hechas por las ruedas de carretas en la vía.

Tela impermeable: trozo de tela plana a prueba de agua.

Línea Cronológica

1870
Enos Mills nació
en Kansas.

1884
Enos se mudó por su cuenta
para vivir con sus parientes
en Estes Park, Colorado.

1885
Enos escaló por primera vez
Long's Peak (Pico de Long)
y también comenzó la
construcción de su cabaña.

1886
Enos terminó de construir la
cabaña.

1887 – 1902
Enos pasó algunos
inviernos trabajando en las
minas cercanas a
Butte, Montana.

1889
Enos viajó a California y
conoció al ecologista John
Muir.

1909
Enos comenzó a trabajar
para conseguir que se
nombrara como parque
nacional el área alrededor
de Estes Park.

1915
Se inauguró el Rocky
Mountain National Park.

1918
Enos se casó con
Esther Burnell.

1919
Nació su única hija, Enda.

1922
Enos Mills murió de un
ataque al corazón.

Bibliografía

Stansfield, John. *Enos Mills: Rocky Mountain Naturalist.* Palmer Lake, Colorado: Filter Press, LLC, 2005.

Drummond, Alexander. *Enos Mills: Citizen of Nature.* Niwot: University Press of Colorado, 1995.

Índice

Sobre esta serie

En 2008, Colorado Humanities y el Departamento de Estudios Sociales de las Escuelas Públicas de Denver (DPS) iniciaron una asociación para ofrecer el programa Young Chautauqua de Colorado Humanities en DPS y crear una serie de biografías de personajes históricos de Colorado escritas por maestros para jóvenes lectores. Al proyecto se le llamó "Writing Biographies for Young People." Filter Press se unió al esfuerzo para publicar las biografías en 2010.

Los maestros asistieron a seminarios, aprendieron de conferenciantes y autores Chautauqua de Colorado Humanities y recorrieron tres grandes bibliotecas de Denver: La Biblioteca Hart en History Colorado, el Departamento de Historia del Oeste/Genealogía de la Biblioteca Pública de Denver y la Biblioteca Blair-Caldwell de Investigaciones Afro-americanas. La meta era escribir biografías usando las mismas aptitudes que les pedimos a los estudiantes: identificar y ubicar fuentes de información de alta calidad para la investigación, documentar esas fuentes de información y seleccionar la información apropiada contenida en las fuentes de información.

Lo que tienes ahora en tus manos es la culminación de los esfuerzos de estos maestros. Con esta colección de biografías apropiadas para los jóvenes lectores, los estudiantes podrán leer e investigar por sí solos, aprender aptitudes valiosas para la investigación, y escribir a temprana edad. Mientras leen cada una de las biografías, los estudiantes obtienen conocimientos y aprecio por los esfuerzos y adversidades superadas

por la gente de nuestro pasado, el período en el
que vivieron y el porqué deben ser recordados en la
historia.

El conocimiento es poder. Esperamos que este
conjunto de biografías ayude a que los estudiantes de
Colorado se den cuenta de la emoción que se siente al
aprender historia a través de las biografías.

Se puede obtener información sobre esta serie de
cualquiera de estos tres socios:

Filter Press en www.FilterPressBooks.com
Colorado Humanities en www.ColoradoHumanities.org
Escuelas Públicas de Denver en http://curriculum.dpsk12.org

Reconocimientos

Colorado Humanities y las Escuelas Públicas de Denver hacen un reconocimiento a las muchas personas y organizaciones que ha contribuido para hacer realidad la serie Grandes vidas en la Historia de Colorado. Entre ellas se encuentran:

Los maestros que aceptaron el reto de escribir las biografías

Margaret Coval, Directora Ejecutiva de Colorado Humanities

Josephine Jones, Directora de Programas de Colorado Humanities

Betty Jo Brenner, Coordinadora de Programas de Colorado Humanities

Michelle Delgado, Coordinadora de Estudios Sociales para kindergarten a 5º grado, de las Escuelas Públicas de Denver

Elma Ruiz, Coordinadora de Estudios Sociales 2005-2009, para kindergarten a 5º grado, de las Escuelas Públicas de Denver

Joel' Bradley, Coordinador de Proyectos de las Escuelas Públicas de Denver

El equipo de Servicios de Traducción e Interpretación, de la Oficina de Enlaces Multiculturales de las Escuelas Públicas de Denver

Nelson Molina, Preparador/entrenador del programa de Capacitación Profesional de ELA y Persona de Enlace Escolar de las Escuelas Públicas de Denver

John Stansfield, narrador de cuentos, escritor y líder experto del Instituto para maestros

Tom Meier, autor e historiador de los Arapaho

Celinda Reynolds Kaelin, autora y experta en la cultura Ute

National Park Service, Sitio Histórico Nacional Bent's Old Fort

Daniel Blegen, autor y experto en Bent's Fort

Biblioteca de Investigaciones Afroamericanas Blair-Caldwell

Coi Drummond-Gehrig, Departamento de Historia/ Genealogía Occidental de la Biblioteca Pública de Denver

Jennifer Vega, Biblioteca Stephen H., de History Colorado

Dr. Bruce Paton, autor y experto Zebulon Pike

Dr. Tom Noel, autor e historiador de Colorado

Susan Marie Frontczak, oradora chautauqua y capacitadora de la Juventud Chautauqua

Mary Jane Bradbury, oradora chautauqua y capacitadora de la Juventud Chautauqua

Dr. James Walsh, orador chautauqua y capacitador de la Juventud Chautauqua

Richard Marold, orador chautauqua y capacitador de la Juventud Chautauqua

Doris McCraw, autora y experta en materia de Helen Hunt Jackson

Kathy Naples, oradora chautauqua y experta en materia de Doc Susie

Tim Brenner, editor

Debra Faulkner, historiadora y archivista, Hotel Brown Palace

Kathleen Esmiol, autora y oradora del Instituto de Maestros Vivian Sheldon Epstein, autora y oradora del Instituto de Maestros

Reconocimientos